TOKEN NON FUNGIBILI

ALESSANDRO MONDELLI

*Se questo libro Vi è piaciuto o Vi è stato utile
Sarà molto gradita una recensione a 5 stelle!*

Grazie

Sommario

BLOCKCHAIN: L'ODIERNA RIVOLUZIONE TECNOLOGICA 4

Cos'è Blockchain 4
Le caratteristiche della Blockchain 8
Gli utilizzi della Blockchain 14
Le potenzialità 19

NONFUNGIBLETOKENS 23

Cosa sono i Token Non Fungibili 23
Utilizzi degli NFT 34
Come funzionano gli NFT? 39
L'influenza nel mondo dell'arte 42

PIATTAFORME NFT 51

Rarible 57
Superrare 62
OpenSea 64
Bitclout 66

GUADAGNARE CON GLI NFT 69

Creare e vendere NFT 69
Investire negli NFT 71

CURIOSITÀ E CASE STUDY 79

Beeple 79
Banksy 88

Blockchain: l'odierna rivoluzione tecnologica

Cos'è Blockchain

Blockchain è l'argomento più discusso al giorno d'oggi in ambito finanziario, digitale e tecnologico.

È necessario introdurre di cosa si tratta prima di imbatterci nelle tecnologie che la stessa Blockchain rende possibile.

Scoprirai che, pur essendo un argomento ostico e non facilmente comprensibile ai più, risulta essere una rivoluzione per il futuro a causa dei molteplici usi che se ne può e se ne potrà fare.

Blockchain, che letteralmente significa *catena di blocchi,* è un enorme registro digitale in cui sono raggruppati dati in blocchi concatenati in ordine cronologico.

Pensiamo alla Blockchain come ad un'enorme "registro contabile" condiviso a cui si possono aggiungere man mano nuove informazioni, a cui tutti possono accedere. Un classico raccoglitore ad anelli a cui si aggiungono fogli dopo fogli, sempre consultabile.

I dati in Blockchain non sono modificabili e la sua sicurezza è garantita da crittografia.

La sua origine risale a più di una decade fa ed è convenzionalmente attribuita alla mente del misterioso Satoshi Nakamoto, a cui si riconduce l'invenzione del Bitcoin.

L'idea rivoluzionaria di Nakamoto

prevede un tipo di archiviazione dati non gestita da un ente centrale, in cui tutti possono vedere cosa c'è dentro e assicurarsi che sia reale.

In poche parole: trasparenza e democrazia.

Le caratteristiche della Blockchain

Abbiamo visto, quindi, che nella Blockchain non può essere modificato neanche un singolo bit ed una volta che qualcosa è sulla rete, rimane lì per sempre.

Blockchain risulta essere una tecnologia in costante crescita, dal momento che appena nuovi blocchi sono completi e verificati vengono aggiunti ai precedenti.

Ultimato il processo di calcolo e

verifica di un blocco, questo verrà consolidato al blocco precedente: un nuovo anello della catena. Questo processo è irreversibile.

Per cambiare qualcosa si aggiungerà un blocco sotto quello precedente e questa operazione verrà notificata a tutti.

La principale peculiarità che ha reso Blockchain rivoluzionaria è che non ha un'autorità centrale: è un sistema decentralizzato, democratizzato e trasparente.

Dal momento che è un registro condiviso ed immutabile, tutte le informazioni in esso contenute sono accessibili a chiunque e soprattutto *detenute* da ogni utente, ovvero 'distribuite'.

Ciò significa che, prendendo ad esempio la Blockchain di Bitcoin, per compiere una transazione da A a B non c'è bisogno di un terzo fiduciario come siamo comunemente abituati, ovvero di una banca che garantisca che A abbia i fondi necessari e che B, dopo la transazione, abbia più fondi di prima.

Ciò che invece conferma e garantisce la veridicità dei dati inseriti in ogni blocco è da attribuirsi esclusivamente a software e calcolatori informatici di proprietà degli utenti stessi.

Chiunque disponga di potenza di calcolo, denominata Hashrate, e decida di metterla a disposizione del sistema Bitcoin per facilitarne i complessi calcoli crittografici, sarà ricompensato con una frazione di un Bitcoin alla chiusura di un nuovo blocco, nella misura in cui si è contribuito alla chiusura stessa.

Il procedimento parte da una transazione che avvia il processo, creando un blocco.

Questo viene verificato e validato da migliaia, forse milioni, di computer distribuiti in rete e, in questo modo, viene aggiunto alla catena in modo permanente.

Tale processo di contribuzione nella Blockchain Bitcoin è denominato 'Mining' e i volontari che hanno prestato la propria potenza di calcolo per chiudere il blocco sono chiamati, ovviamente, Minatori.

Nel momento in cui un blocco viene completato, un altro ne viene generato: è facilmente intuibile la cifra esponenziale di blocchi che ne sono conseguiti.

Gli utilizzi della Blockchain

La Blockchain, principalmente legata al mondo delle criptovalute - in primis alla regina, Bitcoin - si è poi allargata a diversi campi applicativi, rivelando la sua utilità per innumerevoli industrie: dalle banche alle aziende private, fino a giungere alle <u>opere d'arte</u>.

Blockchain è utilizzata, inoltre, per certificare la provenienza di prodotti agroalimentari, per validare il trading di titoli e azioni, o per crittografare dati e, persino, voti online.

Non è un caso che molte aziende e investitori siano già saliti, o siano in procinto di salire, sul carro Blockchain, investendo nel settore.

In un mondo in cui lo storage per l'archiviazione dati è un bene prezioso, la Blockchain è divenuta indispensabile anche per l'archiviazione in cloud: se ne potrà avvalere chiunque abbia bisogno di immagazzinare enormi quantità di dati a un prezzo relativamente economico. Si raccolgono tutte le informazioni, vengono criptate e si memorizzano in piccoli pezzi su tutti i computer della rete, in modo sicuro.

Infine, ad essere avvantaggiata dalla Blockchain è la produzione e distribuzione di merci: il produttore sarà a conoscenza degli eventuali pezzi difettosi prima dell'assemblaggio; il consumatore finale potrà conoscere, invece, l'origine esatta di tutte le parti del prodotto finale.

Il sistema nato per tracciare inizialmente le operazioni in Bitcoin ha quindi uno scopo evidente: evitare le frodi tenendo traccia di ogni singolo movimento e operazione compiuta in rete.

La HSBC è sempre stata estremamente convinta delle potenzialità della blockchain. Nel 2017 ha annunciato, infatti, una partnership con la Bank of America Merrill Lynch per testare questa nuova tecnologia con l'obiettivo di realizzare in modo efficiente ed efficace un accordo commerciale.

Vivek Ramachandran, responsabile global per i prodotti e le proposte per il commercio a livello mondiale presso la HSBC, ha affermato che: «Oltre $2 miliardi in affari dipendono oggi dallo scambio fisico di documenti. Ciò che abbiamo dimostrato è che la Blockchain ha il potenziale per eliminare del tutto il cartaceo, il che potrebbe essere totalmente rivoluzionario, se commercializzato».

Le potenzialità

La tecnologia Blockchain potrebbe fungere, quindi, da intermediario affidabile per la condivisione di informazioni tra acquirenti e venditori.

Questo velocizzerebbe il commercio internazionale abbattendone notevolmente i costi.

Da molto tempo società e privati hanno iniziato a scommettere sulla tecnologia Blockchain.

Secondo uno studio condotto da

Juniper Research, si è rilevato l'investimento di 290 milioni di dollari in capitale di rischio nello sviluppo della tecnologia Blockchain soltanto nella prima metà del 2016.

Diverse aziende del settore Blockchain hanno ricevuto finanziamenti astronomici. Nonostante ciò, il rischio della volatilità di questo settore è sempre da valutare attentamente da parte di investitori e imprese.

In una realtà sempre più esposta ad attacchi di hacker e violazione della privacy, la Blockchain diventa uno strumento essenziale per la registrazione, la detenzione, la verifica e la sicurezza delle informazioni.

Nel registro Blockchain, ad esempio, esiste una sola identità per ogni persona: ciò significa che le identità non possono essere rubate o alterate.

Vedremo in seguito la nascita di social network basati sulla Blockchain come Bitclout.com.

Lo stesso accade per gli oggetti: la proprietà di un libro o di una foto non può essere rivendicata da un soggetto se la comunità attribuisce tale diritto ad un altro autore.

Questo è il concetto principale alla base dei *Non-Fungible-Tokens*.

NonFungibleTokens

Cosa sono i Token Non Fungibili

Entriamo nel vivo introducendo gli NFT (NonFungibleTokens): elementi fondamentali della nuova economia digitale basata sulla Blockchain.

Nel mondo digitale, il token è un insieme di informazioni digitali presenti e registrate sulla Blockchain.

Nel campo delle criptovalute invece, un

token rappresenta un gettone della moneta digitale presa in considerazione o spesso ad una frazione di essa.

Altro paio di maniche quando si parla di NFT: un token non fungibile (NFT) è un tipo di token crittografico presente su una Blockchain e rappresentante *un asset unico*.

Può essere un asset interamente digitale o versioni tokenizzati di asset nel mondo reale.

Le caratteristiche fondamentali degli

NFT che ne risaltano il valore sono principalmente le seguenti:

- **Unicità.** In un NFT, i metadati consentono di descrivere gli elementi di unicità dell'asset, come avviene, ad esempio, per una data carta d'identità. Semplificando, l'NFT è una garanzia digitale inalterabile, registrata permanentemente sulla Blockchain: un certificato di autenticità che si otterrebbe per un dipinto raro, o meglio, l'attestato di proprietà della vostra auto.

- **Scarsità.** L'ingrediente importante nella ricetta che rende l'NFT così attraente.

Nella teoria economica, è nota la rilevanza del concetto di scarsità in connessione con il valore del bene stesso. Se da un lato gli sviluppatori hanno la libertà di generare un'offerta infinita di certi beni virtuali, dall'altro gli NFT sono strumenti che consentono di limitare il numero di asset unici anche ad una sola unità.

- **Indivisibilità.** Per la maggior parte, i

Token Non Fungibili non possono essere suddivisi in denominazioni più piccole, ma possono solo essere acquistati, venduti e conservati interi, proprio come avviene per un Picasso. In effetti, non è possibile acquistare il ritaglio del 10% di un biglietto aereo a vostro nome, così come metà di una figurina di calcio da collezione.

• **Proprietà.** L'NFT è un tassello inamovibile nella struttura Blockchain e questo porta il concetto di proprietà ad un nuovo livello. Di conseguenza, l'NFT permette di dimostrare la proprietà intellettuale di un contenuto – un video, un libro, un'idea, una foto. Ovunque sia pubblicato un vostro contenuto,

l'essere in origine rappresentato da un NFT consente di mantenerne la titolarità, elemento verificabile da parte di chi riceve o fruisce del contenuto.

L'NFT consente di avere questa caratteristica in digitale, andando a distruggere il "must" del copia-incolla.

- **Trasferibilità.** Gli NFT possono

essere liberamente negoziati su marketplace dotati di idonea tecnologia, quindi con un passaggio di proprietà che anch'esso diviene inconfutabile.

• **Autenticità.** Nel mondo del collezionismo e dell'arte è necessario contrastare ogni qualsivoglia tentativo di frode. L'associazione dell'architettura Blockchain con gli NFT consente di verificare tale l'autenticità.

Per renderla più comprensibile ai neofiti: si può creare un token partendo già da un'opera digitale oppure possiamo rendere la 'Gioconda' un'opera digitale e successivamente tokenizzarla. È scontato dire che tale azione possa essere eseguita esclusivamente dall'autore dell'opera reale.

Fungibilità significa che le unità individuali di un asset sono identiche le une alle altre e, di conseguenza, intercambiabili tra loro.

Per esempio, le valute Fiat (euro o dollaro) sono fungibili, in quanto ogni unità è intercambiabile con qualsiasi altra unità individuale equivalente.

Una banconota da dieci euro è intercambiabile con qualsiasi altra banconota da dieci euro autentica.

Questo è imperativo per un asset che mira a fungere da mezzo di scambio.

Qualsiasi moneta che ha come principio e fine lo scambio libero deve necessariamente godere di fungibilità.

Se questo è vero, allora non sarà possibile, né tantomeno ritenuto indispensabile, conoscere la storia individuale di ogni unità.

A rigor di logica, questa caratteristica non è apprezzabile quando si parla di oggetti da collezione.

Se potessimo creare asset digitali simili a Bitcoin, con la differenza di un identificatore unico per ogni unità, questi renderebbero ciascuna di esse diversa da tutte le altre unità (ovvero non fungibile).

Essenzialmente, questo è un NFT.

Gli NFT, spesso definiti anche oggetti da collezione cripto, sono unici e limitati in quantità, a differenza delle criptovalute in cui tutti i token sono creati allo stesso modo.

Dato che gli NFT non sono intercambiabili tra loro come le criptovalute (appunto), potrebbero funzionare come una prova di autenticità e proprietà nel mondo digitale.

Diversi progetti stanno sperimentando gli NFT per vari usi, tra cui videogiochi, identità digitali, licenze, certificati ed opere d'arte.

Inoltre, questi possono consentire persino la proprietà frazionaria di oggetti di alto valore.

Utilizzi degli NFT

Abbiamo visto come, tramite la Blockchain, gli NFT attribuiscono un valore unico e non modificabile ad un elemento digitale.

Nel mondo dell'arte digitale questo rappresenta una rivoluzione.

Con Internet, il diritto di esclusiva e la non replicabilità delle opere d'ingegno non sono garantite.

Video e immagini possono essere facilmente salvati per poi essere successivamente condivisi senza che il creatore o il proprietario possa esercitare controllo.

La tecnologia NFT risolve uno di questi problemi: per quante volte l'opera venga replicata, l'elemento originale resta quello con l'NFT poiché non si trasferisce nella copia dell'originale e, tramite Blockchain, si può sempre risalire al legittimo proprietario.

Con lo sviluppo degli NFT il mercato globale avrà un futuro pieno di sorprese.

Il potenziale di questo settore è ancora in gran parte inesplorato, con la possibile applicazione al diritto d'autore e ai diritti di proprietà intellettuale, all'emissione di biglietti e alla vendita e al commercio di videogiochi ed oggetti di gioco come le skin.

Nuovi settori come quello della finanza

o la tokenizzazione di risorse reali sono già allo studio.

Attraverso l'algoritmo ERC-721, denominato "Composable Multiclass Fungible Token Standard", una risorsa della Blockchain Ethereum, sarà possibile il trattamento e la gestione dei derivati.

Con l'utilizzo di questa risorsa sarà possibile tokenizzare anche soltanto percentuali di proprietà ed avere, inoltre, un report immediato del loro storico.

Le transazioni di un token NFT rivelano in maniera trasparente i precedenti proprietari.

Insomma, nel giro di pochi anni potremmo trovarci pervasi da NFT anche se non siamo giocatori o collezionisti: titoli

azionari, derivati, opere d'arte ma anche certificati di proprietà, titoli di studio, licenze, garanzie, assicurazioni e tutto quello che potete immaginare avere una sua unicità.

Come funzionano gli NFT?

Ci sono diversi algoritmi per la creazione e l'emissione di NFT.

Il più conosciuto tra questi, come già anticipato, è ERC-721, uno standard per l'emissione e il trading di asset non fungibili sulla Blockchain di Ethereum.

Uno standard più recente e migliorato è l'ERC-1155.

Questo consente a un singolo contratto di contenere token sia fungibili che non fungibili, aprendo una nuova gamma di possibilità.

La standardizzazione dell'emissione di NFT rende possibile un grado più elevato di interoperabilità, che in ultima analisi avvantaggia gli utenti.

Fondamentalmente significa che gli asset unici possono essere trasferiti tra diverse applicazioni con relativa facilità.

Per conservare NFT, è possibile utilizzare Trust Wallet o Metamask, app facilmente scaricabili che fungono da portafogli digitali.

Proprio come altri token Blockchain, ogni NFT esiste su un indirizzo.

È importante notare che gli NFT <u>non</u> possono essere replicati o trasferiti senza il permesso del proprietario, neanche dall'emittente dell'NFT.

L'influenza nel mondo dell'arte

Negli ultimi tempi sono stati fatti molti esempi di *opere digitali* vendute all'asta per cifre molto più alte del solito.

La gif Nyan Cat (il gatto arcobaleno in pixel, per intenderci) è stata venduta a quasi 600 mila dollari;

la NBA ha iniziato a vendere video di schiacciate di LeBron James marchiate da NFT;

un video caricaturale di Donald Trump

venduto all'asta per 6 milioni e mezzo di dollari: era stato acquistato pochi giorni prima a un centesimo del valore di vendita.

Queste percentuali di guadagno hanno chiaramente attirato l'attenzione degli speculatori, ora notevolmente incuriositi da questo nuovo mercato.

Chi compra arte digitale lo fa per possedere un pezzo che non potrà esporre in esclusiva ma che risulterà sempre a lui/lei riconducibile e soprattutto collegato a un preciso valore economico, quello di acquisto.

La creazione di Bitcoin ha introdotto il concetto di rarità digitale.

Prima del suo arrivo, replicare qualcosa nel mondo digitale non costava quasi nulla.

Con l'avvento della tecnologia Blockchain, la rarità digitale programmabile è diventata oggetto di speculazione ed è ora utilizzata per la conversione del mondo reale in digitale.

Un NFT, in sostanza, è paragonabile ad un'opera d'arte come la Gioconda, quella autentica che sta al Louvre, o ad un oggetto da collezione.

Raro, unico, indivisibile.

Il totale dei volumi della Cripto Arte nel 2020 ammonta a 12 milioni di dollari.

All'inizio del 2021 si superavano i 20 milioni di dollari.

Di grande scalpore l'incredibile notizia dell'artista Grimes, il quale ha venduto 10 pezzi come NFT ottenendo 6 milioni di dollari.

Un altro caso analogo è quello dell'artista digitale Beeple: una sua collezione è stata venduta all'asta per 3.5 milioni di dollari.

Entrambi gli artisti sono stimati nel panorama artistico digitale e sono stati i primi a buttarsi in questa nuova frontiera dell'arte.

Le gallerie d'arte più famose per gli NFT dove vengono scambiate queste opere sono NIFTY GATEWAY e SUPERRARE.

Per vendere al loro interno bisogna essere un'artista approvato dalla community poiché lo scopo è quello di mantenere la qualità e l'esclusività delle opere vendute al loro interno alle stelle.

A risolvere la questione la nascita di Marketplace come RARIBLE e OPEN SEA, dove è possibile liberamente creare, scambiare e vendere i nostri NFT senza dover essere preventivamente approvati.

È doveroso considerare che le opere di

chi si affaccia adesso in questa realtà potrebbero essere totalmente sottovalutate dal momento che esistono milioni di NFT e solo pochi di essi hanno un alto valore artistico ed economico.

La domanda interessante che sorge con gli NFT è come e dove esporli, dal momento che ad oggi si possono soltanto vendere, visualizzare e scambiare nelle piattaforme citate.

In risposta, alle piattaforme sopra menzionate si stanno sviluppando mondi virtuali dove poter esporre collezioni di NFT. Una delle più famose è SANDBOX.

Ma come possono avere valore queste cose?

Proprio come qualsiasi altro oggetto prezioso, il valore non è insito nell'oggetto stesso, ma viene invece assegnato da tutte le persone che lo ritengono prezioso.

In sostanza, il valore è una

convinzione condivisa.

Non importa che siano monete, quadri, orologi, metalli preziosi o veicoli: queste cose hanno valore perché le persone credono che lo abbiano. La classica legge economica di mercato della domanda-offerta.

Piattaforme NFT

Se gli NFT equivalgono a <u>certificati digitali</u>, le piattaforme su cui vengono scambiati rappresentano le banche di investimento.

Attraverso questi portali è possibile, inoltre, digitalizzare e registrare i propri NFT su Blockchain. È ovvio che bisogna sottostare alle regole di mercato dettate dagli stessi: è necessario, infatti, tener conto delle commissioni trattenute sulla produzione e lo scambio di ogni asset.

Esistono diversi mercati in cui gli investitori/collezionisti possono scambiare token NFT.

Alcuni trattano quasi ogni categoria di NFT, mentre altri sono dedicati solo a specifici settori.

Le categorie nelle quali ricadono i token NFT in circolazione sui Marketplace possono essere divise in:

• Arte;

• Collezionabili;

- Giochi;

- Metaversi;

- Sport;

- Utility.

Secondo i dati di <u>nonfungible.com</u>, Decentraland, un gioco di realtà virtuale basato su Ethereum, dove è possibile comprare terreni e costruire attività redditizie, e CryptoKitties sono le piattaforme che sino ad ora hanno generato più volumi di scambio.

Troviamo poi Axie Infinity, un gioco

basato su collectibles e SuperRare, il Marketplace di opere d'arte digitali, con circa 7 milioni di USD.

Successivamente Sorare, una piattaforma di fantasy sport che permette di giocare una sorta di fantacalcio sulla Blockchain di Ethereum. Il valore delle carte dei giocatori va di pari passo ai risultati delle partite di calcio del mondo reale.

Per avere un'idea dell'economia dietro questa realtà, la carta 'Kylian Mbappé' è stata venduta per 116.5 ETH, al cambio attuale quasi 266.000 USD.

In generale, il mercato cumulativo è gradualmente cresciuto dalla fine del 2017 con 20 milioni di USD, arrivando ai giorni attuali con un valore cumulato di 150 milioni di dollari. Il valore medio degli NFT venduti è invece gradualmente aumentato arrivando a 80 dollari.

I mercati NFT tuttavia non hanno ancora un grande numero di utenti, prima di tutto per la natura dei beni scambiati, che sono per definizione illiquidi in quanto scarsi, ed in secondo luogo perché l'interesse del pubblico retail è ancora molto basso.

Altri marketplace importanti sono CryptoPunks

(dove un NFT è stato venduto per 189.99 ETH circa 437.000 USD) e alcune piattaforme costruite su WAX.

I giochi più popolari, sempre secondo nonfungible.com, sono Axie Infinity, Gods Unchained e F1 DeltaTime, un gioco di Formula 1 con regolare licenza ufficiale che permette di comprare auto e tratti di percorsi sotto forma di NFT.

Alcune piattaforme hanno sperimentato la DeFi, come AXS di Rarible e Axie Infinity e i programmi di mining di liquidità che hanno suscitato un certo interesse iniziale.

Rarible

Rarible è una piattafforma decentralizzata che permette di creare, vendere o acquistare oggetti da collezione digitali protetti e certificati con la tecnologia blockchain.

Rarible si identifica come "il primo mercato al mondo di NFT (Non Fungible Tokens) di proprietà della comunità".

Caratteristica del tutto apprezzabile di Rarible è il suo token RARI – il primo token di governance al mondo nel campo NFT – per foraggiare questo modello di piattaforma gestito dalla comunità.

Ciò rappresenta una rivoluzione in questo campo poiché è possibile essere ricompensati con RARI solamente possedendo un NFT.

Ne consegue che anche il solo detenere un'opera d'arte digitale permette di guadagnare, dal momento che il token RARI è facilmente scambiabile sugli exchange con Bitcoin e valute Fiat.

Rarible ha un'interfaccia utente friendly, che permette in pochi passaggi di connettere un wallet decentralizzato alla piattaforma. Attraverso MetaMask, ad esempio, è possibile creare in pochi minuti il proprio NFT o acquistare quelli messi in vendita nella galleria.

Accedendo al sito sarà possibile facilmente creare o anche soltanto guardare le collezioni d'arte esposte in vendita.

È possibile, inoltre, lasciare un like sulle collezioni o opere preferite per poterle comodamente ritrovare in un secondo momento.

È importante sapere, prima di introdursi in questo mercato, che ogni acquisto comprende una tassa, detta Fee, che corrisponde all'incirca al 2,5% del prezzo dell'opera.

Una volta acquistata l'opera che preferiamo, questa sarà contemplabile nella sezione My Collectibles.

A questo punto la scelta è: tenere l'opera o, magari, attendere che la sua valutazione aumenti e quindi rivenderla.

Superrare

SuperRare è una piattaforma in cui gli amanti dell'arte digitale possono connettersi e collezionare.

È definito il marketplace del "collezionismo sociale".

L'idea alla base di SuperRare è la convinzione che il collezionismo sia intrinsecamente sociale, quindi i collezionisti e gli artisti dovrebbero essere in grado di interagire facilmente attorno alla loro passione condivisa.

Sulla piattaforma, gli utenti possono vedere chi sono i migliori collezionisti e artisti di tendenza, quanti pezzi hanno acquistato o creato e quanti ETH hanno speso o accumulato.

È inoltre possibile visualizzare la descrizione dell'opera d'arte stessa insieme alla storia dei suoi proprietari.

Al pari di Rarible, è necessario collegare un wallet.

Come facilmente si intuirà accedendo

al sito, questo marketplace rispecchia canoni artistici estremamente più elevati: si denota specialmente dai prezzi, chiaramente superiori.

Più qualità, più valore, prezzi più alti.

OpenSea

OpenSea risulta essere l'eBay degli NFT.

Questo mercato aperto collega compratori con venditori e il valore di ciascun token è unico.

Naturalmente, gli NFT sono soggetti a variazioni di prezzo in risposta alla domanda e all'offerta del mercato.

Come su altri mercati liberi è possibile trovare tante opere di scarsa qualità: è quindi doveroso armarsi di buona volontà per cercare l'occasione vincente.

Bitclout

Voce fuori dal coro, invece, è Bitclout.

Bitclout è un social network decentralizzato dove è possibile "comprare" influencers.

Tale piattaforma si professa l'obiettivo di abbattere il potere delle multinazionali di social network che controllano quasi la totalità delle informazioni e della circolazione dei dati online. Per avere un'idea del potere di questi colossi basti pensare al ban di Donald Trump sui social network.

Ogni utente iscritto genererà in automatico la propria personalissima criptomoneta.

L'obiettivo è investire su personaggi famosi o meno, acquistando una percentuale delle monete dei loro creators, cercando di prevedere chi "influenzerà" maggiormente nel prossimo futuro.

In questo modo, a valore aumentato, si potrà rivendere la moneta guadagnandoci.

Allo stesso modo, svestendoci dell'abito da investitore, bisognerà cercare di aumentare la propria fama – da qui Clout – per aumentare il valore della propria moneta ed invogliare gli altri utenti ad investire.

Più si posta, più si interagisce, più si è conosciuti, più si guadagna.

Guadagnare con gli NFT

Creare e vendere NFT

Creare NFT tramite NIFTY GATEWAY è molto facile ed alla portata di tutti.

Pubblicare NFT è gratuito, ma occorrerà pagare una quantità di Ethereum (0,1, pari a 180 euro circa) per poter verificare e validare le transazioni.

Attivato l'account sarà possibile creare

il nostro NFT.

Una volta ultimata la registrazione e dopo aver collegato il Wallet è possibile creare il primo token.

Il nostro primo NFT.

Immagini, gif, video. Tutto può essere trasformato in NFT. Possiamo anche direttamente metterlo in vendita tramite asta o con prezzo fisso.

Per mettere in vendita le opere su OpenSea, invece, è richiesto un unico versamento di circa 50/60 dollari.

Dopodiché si potranno caricare tutti gli NFT che vogliamo.

Investire negli NFT

Viviamo nell'era digitale.

Sempre più artisti stanno sfruttando le possibilità di addentrarsi nel mondo digitale e non c'è da stupirsi poiché questi hanno la possibilità di creare opere in formati digitali. Piccole animazioni, ad esempio, possono essere create rapidamente.

Grazie alla tecnologia Blockchain, le opere d'arte digitalizzate, come le opere originarie da cui provengono, possono ora essere completamente limitate.

Questo non è un sogno futuro.

Un famoso esempio è il ritratto nudo generato dall'intelligenza artificiale: "AI-Generated Nude Portrait # 1".

Tale ritratto è stato venduto inizialmente due anni fa a

0.46ETH e ha cambiato proprietà

all'inizio di quest'anno a 75ETH.

In dollari, un'opera d'arte che ha cambiato proprietà per $175 nel 2018 è stata venduta per $13.000 all'inizio del 2020. Il mercato rialzista offre anche altri rendimenti, ma questa volta coincide con il dimezzamento di prezzo dell'ETH.

La maggior parte delle opere d'arte è acquistabile tramite aste.

Ci sono opere, invece, che possono essere acquistate immediatamente.

Il suddetto lavoro "AI-Generated Nude Portrait # 1" è venduto all'asta per un massimo di 850 ETH.

Se l'intenditore d'arte vuole fare un'offerta, deve fare clic su "Abbonamento" e dire ciò che è disposto a pagare per l'opera d'arte.

L'importo disposto a pagare viene effettivamente trasferito a un contratto intelligente che funge da fiduciario.

Tuttavia, il denaro non è stato perso (ad eccezione della tassa sul 'gas' necessaria): fino a quando il venditore non ha accettato l'offerta, gli investitori potranno ritirare l'offerta. Questo è visibile in "Offerte" sul profilo utente.

Indipendentemente da ciò, l'acquisto di arte direttamente con l'opzione 'vendita immediata' è simile: basta fare clic su "Acquista ora".

Come trovare un investimento prezioso?

Il sogno di commercianti d'arte è di realizzare notevoli profitti con le opere d'arte.

Oltre ai gusti personali, ci sono alcune cose da notare: quanto sono rare le opere degli artisti?

Gli artisti che pubblicano costantemente nuove opere aumenteranno ovviamente il loro "share".

Questo non è necessariamente un problema, ma andrà ad influire sulla qualità del suo lavoro.

Qual è il prezzo medio di vendita?

Come si può vedere dal modo in cui gli

artisti ricevono opere dalla comunità, questa dimensione è molto importante.

Per quanto riguarda i vantaggi di Superrare: tutti possono essere trovati rapidamente attraverso la piattaforma.

Sul sito è possibile visualizzare, inoltre, i migliori collezionisti e artisti famosi della settimana.

Se l'artista resta in questa sezione per alcune settimane, bisognerà dargli un'occhiata più da vicino.

Ci sono artisti che possono essere visti

negli interessi comuni delle collezioni dei migliori collezionisti.

In tal caso, bisogna dare un'occhiata più da vicino all'artista.

Le pagine personali degli artisti, oltre che essere altamente stimolanti, possono aiutare a trovare il valore monetario delle opere d'arte.

In definitiva, su Superrare è possibile verificare quante opere d'arte sono pubblicate, quanto sono simili tra loro e qual è il prezzo medio di vendita.

Curiosità e Case Study

Beeple

Dal primo maggio 2007 al 7 gennaio 2021 l'americano Mike Winkelmann, in arte Beeple, ha quotidianamente postato online una sua opera digitale. Oltre sette anni e mezzo di lavoro per un totale di 5 mila pezzi realizzati: una volta raggruppati tutti nello stesso file, hanno dato vita a un maxi jpeg (21.069 pixel x 21.069 pixel) intitolato «Everydays: the first 5000 days».

Questa risulta essere la prima opera mai battuta sotto forma di NFT dalla più grande casa d'aste al mondo: Christie's, che ha alle spalle addirittura 255 anni di storia. Già questo basterebbe a far notizia, ma a lasciare sbalorditi è anzitutto la cifra che il miglior offerente ha dovuto sborsare per aggiudicarsi il gettone crittografico che assicura univocamente la proprietà del contenuto: oltre 69 milioni di dollari (69.346.250, per la precisione), equivalenti a poco più di 58 milioni di euro.

Una cifra enorme che, come ha fatto prontamente notare la stessa casa d'aste su Twitter, ha reso in un sol colpo Beeple il terzo artista vivente per prezzo di vendita di una singola creazione.

I primi due in classifica restano Jeff Koons (91,1 milioni) e David Hockney (90,3 milioni di dollari), che, nonostante ciò, non sono ancora approdati nel mondo NFT.

Christie's ha successivamente pubblicato il video-reaction dell'artista che monitorava live i rilanci online nelle ore finali: già un'ora e 18 minuti prima del gong lo si sente definire 14,7 milioni di dollari «una somma assolutamente assurda».

A un minuto e 15 secondi eccolo invece saltare fuori dal divano dopo il superamento dei 50 milioni.

A contrattazioni concluse Beeple è

visibilmente stravolto mentre si stropiccia gli occhi, evidentemente incredulo di quanto appena accaduto.

Ha ironicamente esultato dicendo: "Me ne vado a Disneyworld!"

Chi è l'acquirente?

Domanda lecita al suono di "oltre 69 milioni di dollari".

Il facoltoso acquirente risulta essere Metakovan, pseudonimo del fondatore di Metapurse, con base a Singapore, il più grande fondo NFT al mondo.

Un nome non nuovo per lo stesso Beeple. Appena lo scorso dicembre, infatti, il ricchissimo acquirente (che ha iniziato a investire in Bitcoin nel lontano 2013) aveva comprato per 2,2 milioni di dollari anche il set completo di un'altra opera dell'artista Usa: «Beeple Everydays: The 2020 Collection».

Un esborso che può tuttavia sembrare esiguo se confrontato con quello di «Everydays: the first 5000 days». In un comunicato diffuso a seguito della chiusura dell'asta, un portavoce di Metakovan ha dichiarato: "Una rinomata casa d'aste, un artista contemporaneo, un capolavoro interamente digitale che vive su una piattaforma finanziaria condivisa su Internet, acquisito da una persona di colore (indizio sulla reale identità di Metakovan, che si ritiene provenga dal subcontinente indiano, ndr): questa è certamente storia. Ci auguriamo sia anche il futuro".

Ciò che desta più scalpore dalla

rivoluzione attuata da Christie's per il mondo delle aste sono i dati relativi alle identità degli offerenti.

Ben il 58% è infatti risultato appartenente alla generazione dei millennial (25-40 anni), il 33% alla generazione X (41-56 anni) e il 6% alla generazione Z (dai 24 anni in giù).

I boomer (57-75 anni) invece non hanno superato il 3%. Inoltre, addirittura il 91% è stato classificato come «nuovo acquirente».

Ciò indica che questa nuovo mondo è

stato capace di rivolgersi a un segmento di mercato molto diverso e più giovane rispetto a quello delle consuete aste «fisiche».

Ma con un fondamentale elemento in comune: *l'enorme capacità di spesa.*

Per questo c'è da scommettere che a seguire la strada di Christie's sarà ora una lunga serie di altre case di stampo tradizionale.

"Stiamo assistendo all'inizio di un nuovo capitolo della storia dell'arte, l'arte digitale" ha affermato in proposito

Beeple. "Questo tipo di lavoro ha la stessa sapienza, messaggio, fascino e intenzione di qualsiasi altra realizzata su tela e sono onorato di rappresentare la comunità dell'arte digitale in questo momento storico".

Banksy

«Bruciata un'opera di Banksy da 96 mila dollari e poi digitalizzata» titolano i quotidiani di ogni nazione.

Un disegno del misterioso artista britannico Banksy è stato bruciato a Brooklyn in diretta da un gruppo di appassionati di arte e tecnologia appartenenti ad una società di Blockchain chiamata Injective Protocol.

L'opera, intitolata Morons (White) è stata acquistata per 96 mila dollari, circa 80 mila euro prima di essere bruciata e trasformata in NFT.

Perché questo folle gesto?

Il motivo è legato alla crypto art, un fenomeno in forte evoluzione con cui molti artisti, anche blasonati, stanno prendendo contatto.

L'accaduto è stato registrato e pubblicato sulla pagina Twitter 'Burnt Banksy'.

La provocazione del gesto è chiara e anche l'opera non è casuale.

Infatti, Morons (White) rappresenta una scena di un'asta d'arte che ironizza sui collezionisti chiamandoli appunto "imbecilli".

L'azione estrema di bruciare un'opera di valore a favore di una versione digitale, dimostra il vero interesse che ruota attorno al mondo degli NFT e della Blockchain.

L'obiettivo è diffondere un nuovo mezzo di espressione artistica, convincendo artisti e appassionati di tecnologia ad utilizzare questa nuova forma d'arte.

Chi acquisterà l'opera digitale sarà fornito di certificato ufficiale di autenticità fornito da Pest Control, agenzia di autenticazione di Banksy.

"Penso che Banksy apprezzerebbe quello che stiamo facendo poiché promuove anche la creatività e le idee iconoclastiche", ha detto un rappresentante di Injective Protocol.

Dopo aver bruciato il disegno ne è stata creata una rappresentazione digitale. Quest'opera virtuale ha le stesse specifiche di quella fisica, ovvero è riconosciuta come disegno autentico di Banksy.

L'unico modo per avere l'opera è quello di acquistarla digitalmente sulla piattaforma OpenSea che utilizza la blockchain di Ethereum.

Il processo di dematerializzazione

dell'arte corre sempre più veloce, Ti auguriamo di stare al passo e di fare buoni affari con i nuovi strumenti che questo libro Ti ha fornito.

Buona fortuna!

*Se questo libro Vi è piaciuto o Vi è stato utile
Sarà molto gradita una recensione a 5 stelle!*

Grazie

www.ingramcontent.com/pod-product-compliance
Lightning Source LLC
Chambersburg PA
CBHW030441220526
45464CB00006B/2375